La journée d'un Sans-Domicile-Fixe

Avant - Propos

Il y aurait environ 130 000 sans-abri en France.

Ils sont difficiles à dénombrer, car les sans-papiers et les invisibles sont compliqués à répertorier; on en compte parfois jusqu'à 200 000.

17% d'entre eux sont des femmes, et 20% ont moins de 25 ans.

Parmi les SDF âgés de 16 à 18 ans, la proportion de femmes atteint 70%.

Juridiquement, une personne n'ayant pas de domicile fixe n'est pas forcément un « clochard » ou un «sans-abri», mais quelqu'un qui doit se doter d'un livret ou un carnet de circulation .

À noter que toute personne de nationalité Française , même non locataire ni propriétaire (par ex. un squatter) a le droit d'obtenir une carte d'identité .

Depuis 1983 en France, le sigle « SDF » remplace la notion de vagabond , ou chemineau (celui qui « fait le chemin »), si présent dans la vie du XIXe siècle.

Les sans-abri sont souvent dits « en situation d'exclusion sociale », bien que ce terme prête à débat: beaucoup de sans-abri travaillent (CDD ou intérim) et peuvent donc difficilement être qualifiés de « marginaux ».

Le sigle vient de la terminologie policière: c'était une mention notée dans les formulaires en lieu et place de l'adresse de la personne contrôlée.

À l'origine il pouvait aussi s'agir d'une personne habitant « chez des ami » ou en transit.

Les personnes sans-abri, sans domicile **fixe**, sans logis ou itinérants, anciennement qualifiées de **clochard** ou vagabond à ne pas confondre avec les **mendiant**, sont des personnes qui résident et dorment dans des lieux non prévus pour l'habitation tels que cave, parking, voiture, entrepôt et bâtiment technique, parties communes d'un immeuble d'habitation, chantiers, métro, gare, rue, terrain vague, etc... et errent habituellement dans la **rue** ou l'espace public.

Elles sont parfois hébergées dans des hébergements d'urgence, des foyers d'accueil, de façon temporaire.

Qui sont les SDF en France ?

Le sigle SDF, repérable dès le XIXe siècle sur les registres de police est aujourd'hui massivement employé en France pour désigner la population sans domicile fixe.

Le mot intègre les significations de sans-logis (absence de logement), de sans-abri (victime d'une catastrophe), de clochard (figure pittoresque n'appelant pas d'intervention publique structurée), de vagabond (qui fait plutôt peur), ou encore de mendiant (qui sollicite dans l'espace public).

Des hommes isolés (les clochards), des familles (les sans-logis de 1954) et des phénomènes assez différents (absence de logement, spectacle de la déréliction dans l'espace public, mendicité, etc.)

Sont ainsi assemblés dans une même appellation.

Depuis une vingtaine d'années, les connaissances ont grandement progressé.

Les trajectoires, les situations et les différences qui caractérisent cette population hétérogène sont beaucoup mieux connues.

En un mot il s'agit des franges extrêmes de la pauvreté, avec des individus (surtout des hommes) vivant dans la rue et dans des abris de fortune, et des ménages pouvant être accueillis dans tout un ensemble de dispositifs, allant des centres d'hébergement d'urgence aux logements très sociaux et avec le centre d'appel téléphonique le 115.

Sur une semaine de début 2001, a compté près de 80 000 personnes sans-domicile (dont 16 000 mineurs).

Ceci ne veut pas dire que toutes restent sans-domicile durant toute l'année, mais ceci donne une idée de l'importance de la population.

Préface

Ce livre résume la journée de Jean et de c'est camarades de rue.

Préface

Ce livre résume la journée de Jean et de c'est camarades de rue.

Sommaire

7 H 00.

L'alarme sonne.

Jean ouvre les yeux.

A côté de lui, sur son matelas, le sac à dos dont il ne se sépare jamais.

Habillé d'un pantalon de ville, il se laisse glisser au pied du lit superposé.

Dans le box, deux couches sont déjà vides.

Un camarade de chambrée se prépare, les quatre autres dorment encore.

Eric récupère sous le matelas la serviette de bain qu'on lui a confiée la veille à l'accueil, arrache son drap jetable et sort.

Le carrelage du couloir où sont alignés les box, éclairé au néon, est jonché des draps de la nuit.

Eric file prendre une douche avec son "kit propreté" quotidien, puis passe à la consigne chercher une chemise.

Jean a 50 ans n'arrive pas à en sortir.

Il est sans abri depuis deux ans et demi.

Broyé par son travail, ébranlé par un divorce, cet ancien fonctionnaire a *"craqué"*.

Il a sombré dans la dépression, perdu son emploi.

Il a *"touché le fond"*: les nuits dans les parkings, l'hiver parisien, les appels au 115, le numéro du Samu social de Paris qui permet, parfois, de trouver un lit pour le soir.

En octobre, il a obtenu une place au refuge , un centre d'hébergement d'urgence (CHU) de 426 lits l'hiver (200 l'été) géré par l'association, dans le 13e arrondissement.

8 h 30

Après le petit déjeuner au réfectoire, le Refuge ferme.

Plusieurs centaines de SDF se retrouvent à la rue, condamnés à errer de squares en stations de métro jusqu'à la réouverture des portes, en début de soirée.

Une journée d'attente, longue et froide, commence.

Marc, ancien garçon de café, est SDF depuis deux ans.

"Salut Marc, tu vas au parc ?"

Sur le trottoir d'en face, Marc, 52 ans, dit "le Breton", est le partenaire de Jean : ils jouent parfois aux échecs ensemble.

L'ancien fonctionnaire et l'ex-garçon de café se sont rencontrés au Refuge, il y a deux ans, quand ils ont tout perdu.

Tout deux remontent la rue Charles-Fourier, sac à l'épaule.

Le 13e arrondissement est devenu leur territoire, un espace qu'ils connaissent par cœur, peuplé d'habitudes et de repères.

Le Square de la Montgolfière, à quelques dizaines de mètres du Refuge.

C'est ici qu'Eric retrouve chaque jour ses camarades de patience, ceux avec qui il tue le temps en sifflant quelques bières bon marché.

C'est sur ces trois bancs, toujours les mêmes, qu'ils passeront la matinée, une matinée interminable, beckettienne, interrompue çà et là par un rendez-vous à la CAF, quelques heures de *"travail"* (la manche) ou un ravitaillement au supermarché.

Au fil des heures, plusieurs *"habitués"* défileront sur ces trois bancs, chacun accompagné d'un surnom : Jean, dit "le Belge" en référence à son pays d'origine, Marc "le Breton", Mohamed, Marseillais d'origine algérienne, surnommé "Pastèque" en hommage à sa morphologie, Martine, dit "Blitzkrieg", *"la seul Allemande qu'on n'a pas libéré après la guerre"*, Momo "le Réunionnais", Jean-Luc, et Julien, dit "Belmondo" ou "Capitaine Haddock", qui tremble comme une feuille en raison de problèmes neurologiques et d'une consommation abusive d'alcool.

"Titi" et "Pierrot", eux, n'ont pas passé l'été.

9 h 00

Jean et Marc et Jean-Luc ont chacun leur téléphone vissé à l'oreille.

Ils ne disent pas un mot.

Ils attendent.

Ils cherchent un lit pour Jean-Luc, qui sort de l'hôpital après un malaise cardiaque et dort depuis des semaines dans la rue.

Un seul numéro: le 115.

Et un refrain, souvent le même: *"Bonjour, toutes les lignes de votre correspondant sont occupées, veuillez rappeler ultérieurement"*, en plusieurs langues, français, anglais, russe ou arabe.

Parfois, quelqu'un décroche.

"Ils vous mettent alors sur attente.

Ça peut durer entre 10 minutes et trois quarts d'heure. Puis ils vous disent de rappeler à 19 heures.

Et quand vous rappelez, il n'y a plus de place", résume Jean.

Les demandes d'hébergement d'urgence explosent depuis quelques années :+ 17,5 % entre janvier et décembre .

Le Samu social est saturé.

Selon la Fédération nationale des associations de réinsertion sociale, trois personnes sur quatre ayant appelé le 115 en septembre n'ont pas reçu de proposition d'hébergement.

Jean-Luc a de la chance.

Après quinze minutes d'attente en musique, on lui a trouvé un lit pour ce soir, *"mais rien pour après"*.

"C'est totalement aléatoire, parfois c'est une nuit, parfois trois, souvent rien.

Tout dépend de qui vous avez au bout du fil."

"Tu les as eus ?

Oui ?

Une place au Refuge ?

Putain de bâtards ! 115 de merde !" Maurice alias "Pastèque", n'est pas en état de se réjouir pour Jean-Luc.

L'attente, la loterie des lits, la perspective d'une nouvelle nuit dans la rue créent parfois des tensions et des jalousies... *"*

C'est pas une vie ça, j'ai rien moi.

J'en ai marre, je craque.

Le 115, ils m'ont dit de rappeler à 19 heures.

C'est ça qui m'énerve, s'emporte-t-il en montrant son sac.

Je dors dans des abribus, le métro, des parcs...

Je peux pas aller travailler avec un sac !

Mais il faut bien que je me lave, que j'aie un duvet..."

L'heure de la première bière.

Une Koenigsbeer, la moins chère, 54 centimes au Carrefour Market, 7 degrés.

On tue le temps, cigarette sur cigarette, canette après canette.

"C'est long une journée quand on ne fait rien, c'est long", soupire Jean.

Maurice part à son rendez-vous avec un assistant social à Charonne, qui doit théoriquement l'aider à trouver un logement.

Avec un toit sous lequel poser son sac, il dit pouvoir trouver *"dans l'heure"* du travail dans le BTP.

Il ne se fait pas trop d'illusions sur la tournure de l'entretien.

"Je te laisse mon sac", lance-t-il à Jean.

Alain est revenu de sa *"tournée mégots"*.

En général, il les dépiaute pour en faire des roulées.

Mais les cigarettes les moins entamées se fument telles quelles.

Moignon de clope au bec, les jambes croisées sur un bout de banc, il entame une grille de mots fléchés.

DJ en Bretagne pendant huit ans, puis barman en boîte de nuit, Alain est monté à Paris en 1997, où il a officié quelques années comme garçon de café.
Il perd son boulot en septembre 2010, et subit le coup de grâce : un redressement fiscal.
"J'ai joué, j'ai perdu, concède-t-il.
Au départ, je devais 3 000 euros.
Mais avec les intérêts, c'est monté à 8 000.
Et une fois à la rue, il m'est devenu impossible de rembourser."
En fin de droit, Alain n'a plus aucun revenu.
Sa demande de RSA est en attente, et il fait la manche, deux ou trois jours par semaine.
Cet l'après-midi, il ira *"travailler"* à la station Pasteur, où il a ses habitudes.
Dans son sac, Jean a un plan de Paris, un livre sur Bourvil, un hors-série du *Point* sur les personnages de Tintin, des sudokus, de la mousse à raser, un rasoir, des chaussettes, un slip, du déodorant, une radio, des piles, un limonadier (*"super important, tout le monde doit en avoir un"*), et des papiers administratifs. Il transporte également deux raquettes de ping-pong.
"Alain, tu joues ?"
Trois gamins font irruption, raquettes en main, et convoitent ostensiblement la table.
Ce sont les premiers visiteurs du square depuis le début de la matinée.
Les deux pongistes précaires leur céderont vite la place.
"Eux, ils sont meilleurs", sourit Alain.

10 h 00
C'est l'heure du premier ravitaillement.
Devant le centre commercial Italie 2, Jean et Alain croisent Jacques, *"toujours à la même place"*, immobile, une gueule minéralisée par la tristesse, comme surprise par une coulée de lave dans un moment d'effroi.
Un peu plus loin, c'est le coin des Polonais.

11 h 00

Chez Carrefour Market, direction le rayon bière.

Les bras chargés de huit Koenigsbeer 50 cl, on passe en caisse.

"On en offre à ceux qui n'ont pas les moyens de s'en payer, précise Jean.

La solidarité, c'est important".

Maurice est rentré de son entretien, bredouille, comme attendu.

Il est nerveux, presque agressif, s'emporte contre le système d'hébergement d'urgence qui privilégie *"les fous"* et les étrangers *"qui ne parlent même pas français".*

"Ça fait trois semaines que je dors dehors !", enrage-t-il.

Martine "Blitzkrieg" se mouche.

Bonnet de laine bleu vissé sur sa vieille tête plissée, elle n'a pas dit un mot de la matinée.

Elle restera ainsi enfermé dans le silence toute la journée.

Au détour d'une phrase, Mohamed fait allusion à son fils, qui vit chez ses parents à Marseille.

Sa femme, elle, est morte.

Marc aussi est père : il a une fille, qui vit en Bretagne, chez sa mère à lui.

Elle a 25 ans.

Il ne l'a pas vue depuis 1999, elle en avait 13.

"Des fois, on se téléphone".

Jean, lui, a deux filles, de 21 ans et *"18 ans et demi".*

Il n'a pas de nouvelles depuis 2005.

Momo le Réunionnais aussi avait une famille.

Un divorce pour faute l'a mis à la rue.

"C'est de ma faute, je l'avais trompée."

Une larme coule sur sa joue.

Sa dernière nuit dehors l'a épuisé.

Il a 42 ans: *"J'ai les moyens de travailler, je veux m'en sortir seul.*

Mais sans un logement, c'est impossible."

"Faut nous aider, reprend-il.

On est pas racistes, mais on est le même peuple, faut faire passer les Français en premier.

Il y a des profiteurs."

12 h 00
Jean sort sa petite radio.
Les premières mesures de *Dancing Queen* d'Abba crachotent dans le poste :*"On écoute toujours Nostalgie.*
On est des vieux, on se souvient du temps passé."
"Tiens, voilà les oiseaux, ça veut dire qu'il est midi et demi."
Une nuée de volatiles vient d'envahi le parc.
Les SDF du square de la Montgolfière apportent parfois du pain pour nourrir les moineaux.
"Pas les pigeons, les pigeons c'est une plaie.
On ne les aime pas.
Ils se perchent sur un arbre et vous chient dessus", explique Jean, souvenir à l'appui :*"Tintin [qui est mort cette année] s'est retrouvé un jour avec une merde sur une veste en daim qu'il venait d'acheter.*
Il n'a jamais pu l'attraper."

13 h 00

Jean saute souvent le déjeuner.

Comme beaucoup de ses acolytes.

Mais en ce moment, il a un peu de sous.

Il décide de faire un saut au Quick de l'avenue d'Italie.

Devant un Giant, il raconte sa vie.

"J'ai connu la maison, les deux voitures, un salaire de 2 000 euros net par mois, une femme, deux filles", énumère-t-il en évoquant sa vie de fonctionnaire en Belgique.

Le divorce, la pression au travail, la dépression : il plaque tout et migre en 2005 dans le Maine-et-Loire, où il se fait saisonnier.

Il perd son boulot fin 2009 et monte tenter sa chance à Paris.

La rue, le 115, la galère…

Depuis l'an dernier, Jean a un emploi précaire, comme un tiers des sans-abris hébergés au Refuge. Il accompagne des personnes ne pouvant voyager seules dans leurs trajets à la RATP ou la SNCF. C'est un contrat Pôle Emploi.

20 heures par semaine.

Il gagne 650 euros par mois.

Mais il est toujours SDF.

"Il est plus facile de descendre que de remonter", résume-t-il.

14 h 00

Comme souvent, Jean va faire un saut dans un accueil de jour tenu par une petite association du 5e arrondissement, Cœur du 5.

Il y fait bon, l'ambiance est familiale, on se fait son café soi-même et on y trouve des jeux de société.

L'illettrisme concerne 2,5 millions de personnes en France.

Ces personnes, des hommes à 60,5 %, ne maîtrisent pas les compétences de base nécessaires en lecture, écriture et calcul pour être autonomes dans des situations simples de leur vie quotidienne après avoir été pourtant scolarisés.

Marc a rejoint Jean.

Les deux compères se lancent dans une partie de Scrabble.

Pour son deuxième coup, Marc arrange un mot de cinq lettres sur son pupitre : *"Loyer"*.

Pas de place sur la grille : il joue *"Rayé"*.

A leur table, Mohamed n'est pas d'humeur à jouer.

"C'est catastrophe", répète inlassablement ce frêle monsieur de 51 ans en buvant son café.

Mohamed est marocain.

Il a passé douze ans en Italie, où il a toujours travaillé, comme aide cuisinier puis dans l'usine d'un sous-traitant de Fiat.

Ses enfants sont restés au Maroc.

"C'est pour eux que je suis ici."

En 2008, l'usine a fermé sous l'effet de la crise.

Il s'est retrouvé à la rue, *"pour la première fois"* de sa vie.

Las de dormir dehors et d'écumer les *dormitori* (dortoirs) du pays, il a tenté sa chance il y a sept mois en venant à Paris.

"Beaucoup de travailleurs immigrés d'Italie et d'Espagne viennent en France en ce moment, parce que là-bas, il n'y a plus rien", explique-t-il.

Mais la crise ne s'est pas arrêtée aux Alpes ni aux Pyrénées.

Mohamed dort dehors depuis sept mois, passe ses journées à téléphoner le 115 en espérant trouver un lit.

Il est brisé.

"C'est catastrophe. Jamais je pensais vivre ça."

15 h 00 à 18 h 30
Jean et Marc ont pris le métro, direction Pasteur.
C'est ici que Marc *"travaille"*.
Jean, lui, ne fait pas la manche, ce n'est pas son truc.
"Je ne peux pas", glisse-t-il.
Et il n'en a plus besoin.
Lui a un travail. Marc, rien, pas même le RSA.
L'ancien garçon de café sort son nouvel *"outil de travail"*, un gobelet de 50 cl de chez McDo, dont il extrait deux cartons identiques, l'un pour devant, l'autre pour derrière : *"Accepte tout travail"*.
Marc glisse trois pièces au fond du gobelet, son *"fond de commerce"*, et s'installe en haut des marches, à la sortie du métro, parce qu'à l'intérieur *"c'est interdit"*.
Quand il récolte une grosse pièce, il l'ôte du gobelet, pour ne pas se la faire voler.
"Y a des petites règles à respecter, c'est un métier."
Le calendrier et la météo ont aussi leur importance.
"Je vais toujours au même endroit, car ce sont souvent les mêmes gens qui donnent et ils me reconnaissent.

Je privilégie le mardi et le jeudi : le lundi, les gens reprennent le travail, ils sont de mauvaise humeur, tandis qu'en fin de semaine, c'est mieux, ils sont bientôt en week-end.

Le climat a aussi son importance: quand il fait froid, les gens sont plus généreux.

Mais quand il pleut, rien : un parapluie dans une main, le portable dans l'autre, c'est mort."

19 h 00

Après douze heures d'errance et de petites habitudes, Jean laisse Marc à son métro et regagne la rue Charles-Fourier.

Il prend place dans la queue des "accueillis", qui rentrent dîner et dormir au Refuge.

Un de ses potes l'interpelle : *"Tu peux prévoir la doudoune : samedi matin, ils annoncent - 1 degré."* Jean récupère une serviette, un drap jetable, son kit de douche et monte faire son lit.

Il redescendra ensuite au réfectoire pour Manger, avant de sortir boire un coup, sur le trottoir d'en face, pas loin de l'épicier.

Il sera rejoint par des potes, ou restera seul.

"J'ai parfois envie d'être tranquille."

<u>Ce que vous devez savoir</u>

Les SDF ne sont pas beaucoup aider comme on le crois ils ont très ignoré par la société par apport aux émigrés que eux sont mieux aider.

L'alcool est très présent dans la vie à la rue, il donne l'illusion d'aider à surmonter les difficultés (froid, dépression, solitude…).
L'alcoolisé ne perçoit pas la sensation de froid, son corps se refroidit pourtant, pouvant le mener à la mort. L'alcool est sur le long terme un compagnon souvent trop fidèle, dont on ne peut plus se débarrasser: la dépendance à l'alcool peut être forte mes tous les SDF ne buvant pas d'alcool et ce droguent pas comme certain le croient et ont un animal de compagnie. Beaucoup de SDF ce faisant frapper quand ils veulent ce mettre à l'abri du froid par des agents de sécurité ou autre personnes.

Les sans-abri sont également confrontés à de nombreux problèmes liés à de l'alimentation: aliments de mauvaise qualité, mal conservés, mal cuits ou trop cuits, avec des dates de péremption dépassées.

Les excès de gras et de sucre posent parfois presque autant de problèmes que le manque de nourriture. Les carences et les excès sont bien souvent simultanés.

L'accès a l'hygiène varie selon les cas: certains utilisent des douches mises à disposition par des institutions ou des connaissances.

Les personnes sans-abri ont la possibilité de laver leurs habits grâce à des machines à laver mises à leur disposition dans les centres d'hébergement.

Ils peuvent se procurer des vêtements par l'intermédiaire d'associations qui achètent des vêtements sur leurs fonds propres ou « réutilisent » des habits donnés par ceux qui en ont. L'habillement n'a plus de fonction sociale mais constitue le seul rempart contre les aléas climatiques. Les vêtements peuvent être la source de différents maux, s'ils ne sont pas lavés régulièrement.

Le monde du sans-abri détient également une conception pauvre de la santé.

De ce fait, le sans-abri ne peut pas se permettre de tomber malade, étant donné la lutte qu'il mène quotidiennement pour survivre.

Elle est également perçue comme dévastatrice, en raison d'une image de soi déjà dévalorisée. Lorsqu'elle est présente, le sans-abri tend à diagnostiquer lui-même son mal afin de garder ne serait-ce qu'un minimum de contrôle sur sa vie et sur lui-même.

De nombreux syndromes sont liés à la vie dans la rue.

Par ailleurs, le corps sert simplement d'outil pour subvenir aux besoins vitaux et, dans cette optique, doit être fonctionnel.

Toutefois, une contradiction apparaît: la priorité n'est souvent pas accordée à la santé, alors que ceci permettrait au corps d'avoir un fonctionnement optimal et de remplir les fonctions nécessaires à la vie dans la rue:

«Un jeune homme qui vivait dans un squat s'était cassé le pied […]. Plâtré aux urgences, il avait du mal à se tenir sur ses jambes.

Pour accéder à son squat, il devait monter des escaliers. […] Lassé de ces difficultés, il a retiré son plâtre après 3 jours (la durée d'immobilisation prévue était de 6 semaines).

Il a boité longtemps et a toujours refusé une période de repos en maison d'accueil.»

Sur la contradiction évoquée ci-dessus, la priorité pour un SDF est l'estime de soi, de conserver ce qu'il en reste.

Ensuite vient le refus du froid puis le refus de la faim.

Ensuite vient la sécurité.

Puis enfin il envisage la santé.

Les priorités de survie d'une personne qui a plus de moyens sont exactement les mêmes mais elle oublie qu'elle a déjà satisfait les plus urgentes.

En France, les « Lits Halte Soins Santé » sont des structures d'hébergement temporaires qui s'adressent aux personnes sans domicile fixe, sans distinction de trouble pathologique, quelle que soit leur situation administrative, et dont l'état de santé nécessite une prise en charge sanitaire (hors soins nécessitant une hospitalisation) et un accompagnement social.

La durée de séjour prévisionnelle est fixée à moins de deux mois en accord avec l'avis médical.

Les personnes sont prises en charge par une équipe pluridisciplinaire qui assure les soins en continu.

Le décret no 2006-556 du 17 mai 2006 fixe les conditions d'organisation et de fonctionnement des structures « lits halte soins santé » (LHSS).

Selon un article publié la santé mentale des personnes sans abri fait l'objet de nombreux préjugé, et l'image du SDF alcoolique, malade et fou reste très répandue…

Or, tous les travaux internationaux s'intéressant au rapport refusent l'assimilation entre folie et exclusion… même si une surreprésentation des trouble psychiatrique sévères est observée dans cette population.

Beaucoup de centre refusent les SDF qui ont un animal de compagnie.

A quelques semaines de la venue de l'hiver, le plus grand centre d'accueil de jour pour SDF de France a été officiellement inauguré le 17 octobre, après quelques mois de fonctionnement, dans le 13e arrondissement de Paris.

Conçue pour accueillir plus de 360 visites par jour, est l'une des six structures de l'association, qui répond depuis cent vingt-cinq ans aux situations d'urgence des sans-toit et tente de les mener progressivement sur le chemin de la réinsertion.

Un refuge inespéré pour ces destins brisés, une goutte d'eau face à un océan de misère : plus de 150 000 le nombre de SDF en France, dont près de 40 000 errent entre la rue et les centres d'hébergement...
Au cours de l'hiver, le nombre de femmes ayant appelé le numéro d'urgence des SDF a augmenté de 13%, selon un «baromètre».

Elles sont souvent jeunes, seules et de nationalité française.

22% des hommes SDF ont entre 16 et 30 ans.

57% des hommes ont entre 31 et 51 ans.

19% des hommes ont entre 51 et 64 ans.

2% des hommes ont 65 ans et plus.

48% des femmes SDF à Paris ont entre 18 et 30 ans.

45% des femmes ont entre 31 et 50 ans.

6% des femmes ont entre 51 et 64 ans.

1% des femmes ont 65 ans et plus.
De plus en plus de femmes (+13%) font appel au 115, numéro d'urgence des SDF, selon un «baromètre».

17% des SDF de Paris sont des femmes contre 83% d'hommes.

1 femme SDF sur 3 à Paris est accompagnée d'enfants, avec ou sans conjoint.
«Le public traditionnel à la rue est en train d'évoluer, ce n'est plus le modèle classique de l'homme seul, isolé, vieillissant...», le parc d'accueil est «inadapté, conçu pour des hommes seuls.

57% des SDF sont célibataires.

8% sont mariés.
Plus de 1 SDF sur 3 a divorcé ou est veuf.
Et la mixité reste très difficile».

De manière plus globale, le 115 a reçu cet hiver moins d'appels mais note une hausse des besoins de «prestations de survie».

Certes, le nombre de demandes et de personnes qui sollicitent le numéro d'urgence a baissé

(-4%), mais celui des personnes restées sans solution d'hébergement est toujours aussi élevé (57%).

On ne peut pas parler «d'un recul de la précarité, ni d'une meilleure prise en charge des personnes».

«Moins d'un SDF sur deux reste sans abri la nuit, on est toujours dans une situation d'échec».

28% des hommes SDF ont déclaré avoir eu, avant la rue, une profession itinérante, les conduisant à se déplacer de ville en ville durant des années (ouvriers bâtiment, routiers, déménageurs, mariniers, représentants commerce, restauration, spectacle).

Environ 25% des hommes SDF déclarent travailler, soit en CDD, intérim ou CES ou autre petit boulot. 17% des concernés sont en CDI.
1 SDF homme sur 5 ne peut préciser le métier de son père, soit qu'il ne l'ait pas connu, soit que les liens avec lui aient été rompus très tôt.
Pour les 4 SDF hommes restants, 49% ont un père ouvrier. Les moins de 34 ans ont plus souvent que leurs aînés un père artisan ou commerçant.
En cause encore et toujours: le manque de places dans les structures d'accueil.

D'autant que dans 80% des cas, la solution apportée ne dure qu'une nuit.

Mortalité chez un SDF et du au froid l'hiver, déshydratation l'été, manque de nourriture, maladie, accident, violence, assassinat.

La domiciliation ou élection de domicile permet à toute personne sans domicile stable ou fixe (SDF) de disposer d'une adresse administrative où recevoir son courrier et faire valoir certains droits et prestations.

La domiciliation permet à toute personne sans domicile stable:

  •de recevoir du courrier,

- de faire valoir certains droits comme la délivrance d'une carte nationale d'identité, l'inscription sur les listes électorales ou l'aide juridictionnelle,

- et de bénéficier de prestations sociales.

Une personne sans domicile stable est une personne:

- vivant dans la rue,

- ou hébergée chez des amis ou des membres de sa famille,

- ou passant d'un hébergement à un autre.

À noter :

toute personne incarcérée qui prépare sa sortie de prison et qui n'a pas de domicile d'urgence ou de domicile personnel, entre également dans le champ de cette définition.

Pour pouvoir demander une domiciliation il faut avoir un lien avec la commune (ou le groupement de communes).

Toute personne est considérée avoir ce lien:

- si son lieu de séjour est le territoire de la commune à la date de demande de domiciliation, indépendamment de son mode de résidence,

- ou si elle exerce une activité professionnelle,

- ou si elle bénéficie d'une action d'insertion ou d'un suivi social, médico-social ou professionnel ou qu'elle a entrepris des démarches à cet effet,

- ou si elle a des liens familiaux avec une personne vivant dans la commune,

- ou si elle exerce l'autorité parentale sur un enfant mineur qui y est scolarisé.

Attention :

les demandeurs d'asile ne peuvent pas demander de domiciliation.

<u>Formalité</u>

La demande de domiciliation doit être adressée sur papier libre à un Centre communal d'action sociale (CCAS) ou auprès d'un organisme agréé parmi lesquels, notamment:

- les organismes à but non lucratif menant une action contre exclusion ou pour l'accès aux soins,

- les établissements de santé et services sociaux départementaux,

- les centres d'hébergement d'urgence.

À savoir :

la liste des CCAS ou des organismes agréés est disponible auprès des mairies.

Le kit de survie du sans domicile fixe seul ou avec un animal

1 Sac

1 Sac de couchage Froid

1 Couverture Polaire

1 Bâche

sac vert kit froid

1 Écharpe

1 Bonnet

1 Paire de Gants

1 Gourde acier isotherme 500ml

1 Veste de pluie

1 Crème mains nourrissante à l'Aloe Vera.

1 Baume à lèvres

sac noir kit utilité

Radio lampe dynamo

1 Mousqueton

1 Stylo

1 Agenda

1 Porte monnaie

1 Portefeuille documents

1 Gourde souple

1 Popote Casserole, poêle / assiette, fourchette, cuillère et verre.

1 Sac banane avec ceinture réglable

1 Brassard réfléchissant

sac rouge kit santé

10 Dosettes sérum physiologique

1 Boite de 20 pansements résistance l'eau

1 Boite de 100 Compresses Dimension pliée 5 × 5 cm

1 Sparadrap microporeux

1 Couverture de survie

1 Passeport de l'Urgence

1 Livret de santé

sac bleu kit de hygiène

1 Nettoyant antibactérien pour les mains

1 Brosse à cheveux Miroir

1 Pochette coupe ongles et couture

1 Brosse à dents

1 Tube de dentifrice

1 Drap de douche

1 Serviette de toilette

1 Gant de toilette

1 Savon

1 Paquet de cotons tiges

2 Paquets de mouchoirs papier

1 Rouleau de papier toilette

Composition du sac animal de compagnie des personnes SDF

1 Sac

1 Laisse collier nylon

1 Gamelle souple repas 2,8 L

1 Gamelle souple eau 4 L

1 Collier antiparasitaire

1 Tire tique

1 Poudre universelle de nettoyage

1 Gant pour le brossage

1 Jouet nœud

1 Plaid

Les dispositifs d'aide aux Sans-abris

- Le numéro d'urgence 115 et le SAMU SOCIAL

- Les centres d'hébergement d'urgence (CHU)

- Les centres d'hébergement et de réinsertion sociale (CHRS)

- Les maisons relais ou pensions de famille

- L'intermédiation locative (dispositif « Louez Solidaire » ou « Solibail »)

- Ajouter le 115 du particulier... http://www.le-115-du-particulier.fr/

BIOGRAPHIE

Joan Poulet né le 18 octobre 1981, à Béthune dans le Pas de Calais en France .

En 1999 il suit des cours d'employé technique de collectivité ou il décrocha son diplôme donc il commence à travailler à l'age de 17 ans il effectua différent métier, Vendangeur, Cuisinier, Aide-Maternelle, Agent de sécurité, Maître-Chien Brancardier, Agent de nettoyage, intérimaire, Gardien-Animalier, Vendeur, Soudeur.

Le 30 décembre 2000 il et papa d'un fils.

Et le 4 juin 2002 d'une fille.

Le 15 septembre 2007 il se marie.

En juillet 2008 il quitta avec sa femme et c'est 2 enfants le Pas de Calais pour aller rejointe sa mère donc il et très proche qui habita dans la somme en France.

Il commence à écrire un livre sur l'harcèlement suite qui a subi lui aussi l'harcèlement au travail en 2002 ou sa patronne le faisait travailler 36 heures d'affiler et elle le menacer de le virer si il quitter le site et le faisait travailler pendant ses congés et si i refuser elle le métrer sur des sites dégradante et risquer.

Et de même en 2016 ou son patron le rabaisser, l'insulter et l'humilier devant c'est clients, amis et d'autre personnes et le menacer que si il garder pas son masque pendant ses horaires de travaille qui allai recevoir un courrier et il le méta en danger en le faisant monter en hauteur sans sécurité c'est la qui commence à déprimer et qui ce tait sa mère voyant qui n'allait pas bien heureusement que sa mère a vue car il aurai fait cette bêtise irréparable.

De même pour sa fille en 6 ème ou elle ce faisait frapper, insulter, dégrader, humilier, et un compte anti avec son prénom sur un célèbre réseau social ou ils devient la frapper à mort a la sortie du collège en la filmant et le déposant sur ce réseau social et que sa mère a monter voir sa fille dans sa chambre suite qui travailler car on ne la voyant pas sa petite fille et qu'elle ne l'attendez pas elle étai sur le point de faire irréparable.

Donc cela la beaucoup travailler et il a fait un livre pour mettre fin a l'harcèlement qui ce nome Hurle ton silence pour briser la loi du silence.

Joan prend plaisir a l'écriture il continue et continuera à écrire des livres car cela devient pour lui est une passion qui durera.

Ce que Joan dit toujours, écrire, c'est lire en soi pour écrire en l'autre, Ce n'est pas pour devenir écrivain qu'on écrit, C'est pour rejoindre en silence cet amour qui manque à tout amour, entre moi et le monde, une vitre, écrire est une façon de la traverser sans la briser, l'écriture, c'est le cœur qui éclate en silence.

Je dédicace ce livre pour tous les Sans Domicile Fixe décédé et vivant.